L'ELEFANT
bromera

L'ELEFANT

CONSELL ASSESSOR DE LA COL·LECCIÓ:
JOSEP MILLO I JOSEP A. FLUIXÀ

TÍTOLS PUBLICATS

1. *Missió especial.* Mercè Company / Conxita Rodríguez (+9 anys)
2. *8.388.607 caramels per a un aniversari.* Vicent Pardo / Gerard Miquel (+10 anys)
3. *La dent de la Clara.* Joles Sennell / Pep Montserrat (+10 anys)
4. *La màquina dels contes.* Carles Cano / Paco Giménez (+9 anys)
5. *Versos diversos.* Maria Dolors Pellicer / Josep Ferrer (+10 anys)
6. *La perversa Caputxeta.* Rosa-Maria Colom / Mabel Piérola (+10 anys)
7. *L'anell dels nibelungs.* R. Wagner / Joaquim Carbó / Francesc Santana (+12 anys)
8. *Divendres 13 i altres històries inquietants.* Rosa-Maria Colom / Mabel Piérola (+12 anys)
9. *El Capità i el gos orgullós.* Xavier Bertran / Gerard Miquel (+10 anys)
10. *La bruixa Merenga.* M. Jesús Bolta / Sebastià Serra (+8 anys)
11. *Els guerrers de les illes Ginèsies.* Antoni Oliver / Calo (+12 anys)
12. *El bosc encantat.* Joles Sennell / Antoni Laveda (+10 anys)
13. *Creus en els fantasmes?* Rosa-Maria Colom / Mabel Poveda (+12 anys)
14. *Marvin, l'enllustrador de sabates.* Dolors Garcia i Cornellà / Josep Vicó (+8 anys)
15. *Els dimarts del senyor F.* Mercè Canela / Max (+12 anys)

Hi ha unes *Propostes didàctiques*, referides a aquest llibre, que es poden descarregar de manera gratuïta des de la pàgina web www.bromera.com.

Disseny de la col·lecció: *Enric Solbes*
Impressió: *Romanyà - Valls*

1a edició: *octubre, 2004*
3a edició: *gener, 2009*
ISBN: *978-84-7660-846-3*
DL: *B-3665-2009*

Divendres 13
i altres històries inquietants

Rosa-Maria Colom

Dibuixos
de **Mabel Piérola**

L'ELEFANT
bromera

Col·lecció L'Elefant, número 8

Aquesta obra va ser declarada finalista del VIII Premi de Narrativa Infantil Vicent Silvestre 2003, patrocinat per Edicions Bromera i promogut per l'Ajuntament d'Alzira. Formaven el jurat Josep Maria Aloy, Elena Bastidas, Josep Antoni Fluixà, Francesca Romero i Llucià Vallés.

La misteriosa història de Carolina Cavalli

PRIMER ENCONTRE

I

Per situar correctament els fets que trasbalsaren la meva vida, cal començar per aquell vespre d'hivern a l'estació de Lerçol. Havia parat de ploure i malgrat que el fred era intens i l'ambient desagradable l'hàbit adquirit de sortir a caminar per la ciutat il·luminada pesaren més que la galvana de quedarme vora el foc.

Em divertia l'aventura que comportava la partida del tren atapeït de llums; gent desconeguda que em passava pel davant i que no veuria mai més;

la potent locomotora arrossegant la tirallonga de vagons; i romandre després a l'andana fins que es quedava submergida en ombres.

Era el 4 de gener de 1985 i acabaven de tocar les nou.

Va ser quan la vaig veure per primera vegada, la nina del violí.

Asseguda al banc més apartat, sota els arbres desfullats, petita i solitària, aparentava no més de vuit anys. Els peus junts, dins d'unes botes cordades fins a mitja cama, les mans dòcilment plegades damunt la falda, l'aire de sentir-se aïllada del món que l'envoltava.

Quieta igual que en una fotografia.

El seu aspecte, la seva manera de vestir passada de moda, com si s'hagués escapat d'un orfenat anglès, com si vingués directament del passat, em cridaren l'atenció. Tenia els ulls immensos, igual que el mar, i la pell d'un blanc de llenceria: «Deu fer molt que no li toca el sol», vaig pensar. Els cabells molt rossos, quasi blancs, pentinats en dues trenes severes i curtes, lligades amb uns llaços enormes que li quedaven a l'altura del coll i li emmarcaven el rostre. El vestit em féu pensar en un vestit de festa que haguessin arrossegat per un bassal. Del

tot impropi per a l'hora i l'època de l'any en què ens trobàvem.

Tanmateix, no semblava espantada ni semblava sentir la cruesa del fred.

–Què fa una nina tan petita com tu en una estació deserta? –no em vaig poder estar de preguntar-li–. Esperes algú?

–Espero el tren –respongué amb lleu accent italià.

–Però si el tren acaba de partir ara mateix! –vaig assenyalar les vies buides.

–Espero el de demà al matí... Aquest se m'ha escapat.

–El de demà al matí? –no m'entrava al cap–. Vols dir que penses passar tota la nit en aquest banc?

Va fer un gest afirmatiu amb el cap i els llaços s'agitaren com dues papallones negres.

–No és la primera vegada –digué amb un cert recel.

–No sé si ho he entès bé –la resposta m'havia semblat força curiosa–. Intentes dir-me que no és la primera vegada que romans tota la nit aquí sola?

S'encongí d'espatlles.

–Cada dilluns faig el mateix i no passa res.

–Cada dilluns? Per què cada dilluns? Algun motiu especial?

–És el meu dia de classe –assenyalà l'estoig al seu costat–. La culpa és del professor.

–Del professor? –vaig repetir estúpidament.

–Del professor de violí... S'oblida de mirar el rellotge.

–Aleshores canvia de professor. O d'horari! El matí per l'horabaixa, posem per cas. Així si perds un tren te'n queden molts d'altres abans no es faci fosc!

–Hi ha coses que no es poden canviar –afirmà amb una serietat impròpia.

Les vegades que, posteriorment, he recordat aquest 4 de gener, m'adono que intentava donar-me pistes, que m'enviava senyals que no vaig saber interpretar. Estava massa irat per la deixadesa de qui creia responsables de tal situació.

–Res no justifica aquest comportament –vaig afirmar amb veu dura–. On són els teus pares? No els preocupa que passis la nit de cada dilluns en un lloc tan fred i desolat?

–Visc amb l'avi –respongué de manera ambigua.

–Només amb l'avi?

–Només.

Em vaig asseure al seu costat tot ofegat de pensaments contradictoris. Per una raó que no copsava, aquella criatura m'atreia, alhora que intuïa que podia complicar-me la vida si no me n'apartava.

–De cap manera no pots quedar-te a la intempèrie en una nit com aquesta! –li vaig dir en un to protector–. Et trobarien glaçada!

Ella respongué:

–Sempre ho estic, de glaçada. Ja m'hi he acostumat.

Posseïa una rara habilitat per a desconcertar, pròpia d'una persona que ha viscut més, i la meva curiositat augmentà.

–Què fa, el teu avi, quan t'espera i no arribes? Es deu espantar molt!

–L'avi és gran... va una mica perdut –explicà amb veu trista.

–Amb més motiu no l'has de fer patir!

–Jo no el faig patir! –s'enfadà una mica–. Al contrari. Faig que no pateixi tant... malgrat que no sempre se n'adona.

–Si vius només amb l'avi i l'avi és gran i dius que va una mica perdut... qui té cura de tu, aleshores? Qui et vigila i et té esment? Qui et controla?

–Ningú no em controla ni em vigila. Jo sé vigilar-me sola –va dir amb orgull.

Se'm despertà un desconegut sentit de tutela.

–No ho puc permetre. No puc permetre que t'estiguis aquí fins demà al matí! Ara mateix t'acompanyaré a casa! Et deuen haver dit mil vegades que és perillós pujar al cotxe d'un desconegut però no tens altra opció. Això o que truqui a la policia!

La seva rèplica em deixà encara més desconcertat del que estava:

–Vostè no és un desconegut, senyor. Jo el conec!

A aquestes altures de la meva carrera literària sé que no sóc un escriptor anònim i tal circumstància em posa content. Els meus llibres es venen, sembla que la gent els llegeix, les crítiques són favorables i el meu editor m'afalaga. Però que una nena com ella sabés qui era jo... s'escapava de tota normalitat.

–De què em coneixes, criatura?

–De veure'l.

–De veure'm? On m'has vist?

–Passejant per Lerçol... amb la seva fox terrier blanca i marró.

–Fa una eternitat que no passejo per Lerçol –vaig respondre cada vegada més atònit–. De fet, fa una eternitat que no hi visc, a Lerçol. Pel que fa a la pobra Lluna, un boig l'atropellà. Devies ser molt petita, aleshores, no pots recordar-te'n. Deus confondre'm amb algú altre.

Volia que així fos. Altrament era massa inquietant.

Ella parlà des del record:

–Portava sempre una carpeta sota el braç i aquest mateix barret negre –l'assenyalà–. Vivia al molí i escrivia històries de por, deien.

–La carpeta encara la tinc. El barret no és el mateix. I aquella casa de somni, la Casa del Molí, és com si ja no fos meva.

Sortírem de l'estació per una porta petita que donava a un carrer lateral. Ella em seguia dòcilment, sense fer-se pregar. M'havia tret la bufanda i l'hi havia embolicada pel coll. El cotxe era allà mateix. La vaig fer passar al seient del darrere i li vaig lliurar una manta de viatge perquè s'hi arraulís.

–Per què ho fa?

–El què? Portar-te a casa o protegir-te del fred?

–Escriure aquestes històries –sortí per on menys m'esperava.

–Per divertir-me. Per espantar la gent. Perquè no sé fer res més. Per guanyar-me la vida. Per intrigar el lector. Per treure-li la son. Et sembla bé?

–Em sembla terriblement dolent, senyor. No s'ha de jugar amb els fantasmes, sap? Es poden despertar i aleshores...

–Aleshores què? –vaig riure de bona gana.

Tanmateix ella no reia.

–Pot passar que se sentin perduts.

Definitivament estupefacte, per aquella conversa inversemblant, vaig preguntar:

–Quants anys tens, criatura?

–L'edat no es demana... –a través del retrovisor em llançà una mirada severa–. L'edat és un secret.

II

–Aquí va passar l'accident –anuncià després d'un llarg silenci.

Havíem deixat enrere la cresta de la muntanya i ens trobàvem al revolt més perillós i lliscadís de la baixada, un tram on la humitat formava, a l'hivern, una fina capa de gel i on les topades, els xocs i les voltes de campana eren freqüents. Vaig deturar el cotxe, lleugerament pertorbat, i em vaig girar cap a ella: «L'accident?», vaig repetir esperant més informació.

La pregunta quedà suspesa a l'interior del vehicle com abans hi havia quedat la de la seva edat. Em vaig enfadar.

–Saps que ets una nena molt misteriosa i una mica maligna? Per què dius «Aquí va passar l'accident» i quan et demano que quin accident et fas l'orni? Digues-me, almenys, si tu en formaves part o simplement en vas ser espectadora. Vas veure morir algú? I com és que no vols dir-me quants anys tens? A la teva edat això no és un secret!

Però ella no respongué i em va semblar que l'havia espantada. He tingut poc tracte amb criatures i potser em manca un punt de tendresa. Li vaig oferir galetes d'un paquet que portava i ella les va refusar amb un gest breu.

La resta del trajecte el passà en silenci, abraçada al seu violí com si s'abracés a una mare i si no fos perquè tenia els ulls badats hauria cregut que dormia.

De sobte semblava apressada. Insistí que la deixés a l'estació del poble; que des d'allà la recolliria un veí que anava de camí. El darrer tren del dia, el que se li havia escapat, romania deturat a l'andana on projectava una ombra allargassada.

–Vols que et porti a casa i parli amb l'avi?

No ho volia.

–Digues-me on vius almenys! Per si torno a Lerçol i et vull visitar. Si vols t'explicaré algunes de les meves històries!

Ella va dir abans d'allunyar-se.

–Pensava que ho havia entès.

III

Els dies que seguiren no me la podia treure del cap i intentava desxifrar cada una de les seves frases. «Aquí va passar l'accident», havia dit, però quin accident? Com més capfilava més enigmàtic em semblava tot plegat. «No s'ha de jugar amb els fantasmes, senyor, pot passar que se sentin perduts.» Quina frase més estranya en boca d'una nena! Jo no hi jugava, amb els fantasmes. Quan engegava l'ordinador, mai no em proposava d'escriure una història inquietant. Simplement la història sortia i sovint em sorprenia a mi mateix. Ella sí que era inquietant amb aquell posat de subtil reserva i aquell parlar incomprensible i ocult! «Pensava que ho havia entès.» Què era el que havia d'entendre? I la manera tan sàvia com eludí la meva pregunta sobre els seus pares sense precisar si en tenia o no «Visc amb l'avi», havia dit tan sols.

Acostumat a lligar històries, em vaig traçar l'esquema següent:

1. Els pares han mort en un accident al qual ella ha sobreviscut.
2. Convertida en òrfena, és recollida per l'avi, un home ferreny i esquiu, un mal mainader que no la controla en absolut.
3. Això fa que pugui entrar i sortir lliurement i que visqui al seu aire.
4. Les tràgiques circumstàncies de la seva vida són la causa de la seva personalitat especial.

El dilluns següent, a la mateixa hora, vaig tornar a l'estació però la nina no era enlloc. No la vaig veure a

l'andana, entremig de la gent desconeguda; no havia pujat a cap vagó, ni seia al banc després que el tren partís i això em produí una decepció exagerada. Vaig quedar-m'hi molta estona, amb l'esperança de veure-la arribar, fins que el cap d'estació em pregà que fes el favor de sortir, que era el moment de tancar.

Passat un parell de setmanes de fer el mateix pelegrinatge, vaig decidir preguntar-li si l'havia vista, la nina petita del violí que passava la nit en un dels bancs.

–Ni petita ni gran ni amb violí ni sense! Li puc ben assegurar que a l'estació no hi dormen més que els gats! –respongué.

Em vaig posar pesat:

–Ella sí que hi dorm. Cada dilluns. Es tracta d'una criatura estranya que porta un estoig negre amb un violí. Per circumstàncies que no vénen al cas, sovint se li escapa el darrer tren i no té més remei que esperar el de l'endemà.

L'home em mirava incrèdul.

–Sort té que el conec de veure'l retratat als diaris, a vostè, i sé que la seva especialitat és fer posar els cabells de punta a la gent! Una vegada vaig intentar llegir un dels seus llibres… mare meva quina imaginació! No vaig poder clucar l'ull en tota la nit! D'on se les empesca, aquestes històries?

Em va semblar que em feia un compliment i vaig somriure com un idiota.

–Visc aquí a sobre –va assenyalar enlaire–, i cada vespre, abans de ficar-me al llit baixo a fer una ullada per si hi ha res de nou. Un dia o un altre l'hauria vista, aquesta criatura tan estranya. Una cosa així crida l'atenció!

–Tampoc l'heu vista arribar amb el primer tren de la tarda?

–Això ja és més difícil d'assegurar però jo diria que no.

Vaig decidir dur a terme la investigació des del punt de partida o sigui des de Lerçol, amb el mateix resultat negatiu. Tan sols el guardaagulles creia recordar una petita violinista relacionada amb una tragèdia però quan vaig treure la meva llibreta, la que utilitzo per a anotar les idees que se m'acudeixen al vol, dubtà i es va fer enrere.

–No pot tractar-se mai de la mateixa... Fa massa temps –mormolà per a ell mateix i jo vaig tenir la vaga sensació de deixar escapar una informació valuosa.

SEGON ENCONTRE

Transcorregueren uns mesos. M'havia ordenat a mi mateix no tornar-hi a pensar quan la vaig trobar de bell nou. Als afores, gairebé a peu de la muntanya, en un lloc conegut com el camí de la Font de s'Olla. Seia recolzada al mur d'un jardí, amb les branques d'un desmai gairebé fregant-li el rostre. Immòbil i absent. Les mans quietes sobre el mateix vestit del primer dia, les botes cordades fins a mitja cama, els llaços al final de les trenes quasi blanques, un altre cop indiferent a la fredor i a l'oratge.

Era un capvespre de tardor i el cercle de muntanyes que envolten Lerçol s'havia tornat de color moradenc, els cims amagats per espesses nuvolades cada vegada més fosques. L'amic a qui havia mig venut la Casa del Molí impartia un curs en una universitat anglesa i em lliurà la clau perquè, de tant en tant, fes una visita al seu gat, un animal molt sociable a qui no li agradava estar sol. Vaig decidir mudar-m'hi unes setmanes per tal de no crear-li frustració. Cap al tard, quan ja havia esgotat la meva febre creadora, sortia a fer llargues caminades que em deixaven en forma per recomençar la feina.

No semblà gens sorpresa de veure'm, com si m'esperés. Recordo que vaig pensar que, malgrat el canvi d'estació, ella no havia canviat d'aspecte ni de manera de vestir i em tornà, de bell nou, la impressió de contemplar una fotografia antiga.

–Vinc de la meva classe –assenyalà l'estoig, damunt la molsa, abans no li fes cap pregunta.

–Ets molt lluny de l'estació.

–Sí, molt lluny.

Vaig mirar el rellotge.

–Així ja no se t'escapa el tren?

–Ara mai no se m'escapa –replicà molt seriosament.

–T'han avançat l'horari o has canviat de professor?

Em sentia una mica enfadat alhora que neguitós amb aquella doble sensació de la primera vegada, mescla d'atracció i de lleu perill.

–He canviat de professor –assenyalà la casa de dues plantes amb una palmera que sobrepassava la teulada–. Viu aquí... –explicà de la manera enigmàtica que ja m'era familiar com si volgués dir més del que deia, com si ocultés deliberadament la informació més important.

Al fons del caminal emparrat, un home gran, d'aire estranger, enretirava tota una catifa de fulles, d'un màgic color cirera, i les posava dins d'un sac. Va aixecar el cap i en veure que l'observàvem somrigué sense deixar la feina.

–També el dilluns a la tarda?

–A vegades... no sempre.

Vaig acabar la paciència.

–Com és que pots resultar tan enigmàtica sent tan petita?

M'havia assegut al seu costat i l'observava intentant desxifrar què la feia tan inquietant si el seu aspecte o la manera com responia sense respondre i deia sense dir. El vent començava a bufar i la humitat es feia gèlida. De sobte vaig adonar-me que mai no reia, ni tan sols somreia;

que sempre tenia aquella expressió de profunda pena i aquells ulls absents i quasi blancs com un mar assolellat que miraven coses que només ella veia.

Era com si hagués entrat en una de les meves històries de por, i per primera vegada vaig compadir els meus lectors. Últimament em qüestionava què o quina circumstància em feia decantar pels relats embolicats i d'intriga i no trobava una resposta que m'ho aclarís.

Buscava deliberadament el misteri o el misteri em buscava a mi?

Els enigmes, els arguments que feien posar la pell de gallina, naixien dins de la meva ment o la meva ment era un canal subtil de sortida l'abast del qual ni jo mateix no coneixia?

Tanmateix, aquella era la primera vegada que em sentia vulnerable a unes circumstàncies reals, que s'escapaven del meu control, i això em produïa un lleuger desassossec. Havia d'actuar com un detectiu expert i descobrir què s'amagava en aquell assumpte, si volia recuperar la tranquil·litat.

–Per què em mira així, senyor? M'espanta –va dir tot aixecant-se i agafant l'estoig.

–Ho sento, perdona. És un costum, una deformació professional. L'observació em serveix per a descriure els meus personatges.

–Jo no sóc un dels seus personatges –replicà abans d'anar-se'n, i em va semblar que fes el que fes no la podria deturar.

I que si volia saber més coses hauria d'esperar una ocasió millor.

Tal com havia passat a l'estació del tren de Lerçol, el dilluns següent em vaig endur una altra decepció: la noieta del violí no va venir. Ni tampoc l'altre, malgrat que vaig passar tot el capvespre enfront de la casa de la palmera. El vell professor no parava de feinejar per l'hort, les fulles de la parra verge cada cop més vermelles, cada cop més escasses.

En tot aquell temps, no vaig veure ningú que entrés ni sortís i vaig arribar a la conclusió que ella devia ser la seva única deixebla; que segurament li ho feia com un favor especial, donar-li lliçons; que potser havia estat amic de l'avi, quan l'avi no anava tan perdut. «Disposo d'una nova font d'informació i he d'aprofitar-la», vaig dir-me, «Ell omplirà les meves llacunes».

La tarda del tercer dilluns li vaig fer un senyal amistós i ell s'apropà amb el gos que el seguia a dues passes. Portava guants de jardiner, un barret de palla deformat i tenia una mirada i un posat dolç i afable que convidaven al diàleg:

–Em sap greu molestar-lo senyor... tampoc ha vingut, avui, la noia?

–Quina noia? –preguntà amb marcat accent estranger.

Va ser quan em vaig adonar que ni tan sols sabia el seu nom i vaig balbucejar incongruències.

–No sé si ho he entès bé. A qui busqueu?

–Busco la nena de les trenes, la que ve a classe de violí. La seva deixebla.

–La meva deixebla? Jo no tinc deixebles, senyor.

–Vostè no és professor de violí?

–Ni de violí ni de cap altre instrument. Us confessaré un secret: –rigué amb espontaneïtat– sóc negat per a la música. És la meva gran frustració.

Era obert i comunicatiu, afable, educadíssim. Em va semblar que podia insistir-hi.

–Però si ella mateixa m'ho va dir... Vaig veure com se saludaven, fa un parell de setmanes. Es tracta d'una nena rossa, d'ulls molt clars, que viu amb el seu avi i va vestida sempre amb un vestit de festa.

–Sofriu una confusió. No recordo ningú d'aquestes característiques.

–Ella el saludà. Vostè li va somriure. Era aquesta mateixa hora, fa un parell de setmanes, el dia de la tempesta!

–Tinc una memòria excel·lent, malgrat la meva edat –va dir ell–. Recordo que vós em saludàreu i jo us vaig saludar a vós. Qüestió de cortesia. No hi havia ningú més.

Vaig dir amb una mena de sensació de vertigen:

–Al meu costat hi havia una xiqueta amb un violí. Forçosament l'havia de veure. És una criatura que crida l'atenció. Havia acabat la seva lliçó, com cada dilluns... ella mateixa m'ho va dir...

Va parlar amb humor molt britànic:

–Tinc entès que sou escriptor. Aquí tothom coneix els forasters. És propi dels escriptors inventar-se històries. He sentit a dir que la ficció tendeix a ser per a ells tan important que sovint la barregen amb la realitat. Però jo sóc matemàtic i, com a regla general, no solc confondre les coses –va somriure–. Veniu sempre que us vingui de gust; prendrem una tassa de te i parlarem.

Es tragué un dels guants i em donà la mà a través de les reixes.

He de dir que vaig quedar més desconcertat que mai. L'escàs sentit de la realitat que el professor estranger m'atribuïa m'induïa a creure'l. Potser sí que la imaginació em jugava una mala passada, malgrat que em resistia a acceptar-ho. Aquella nina era real i no producte de la meva ment! L'havia vista! Havia parlat amb ella! L'havia portada amb el cotxe però necessitava demostrar-m'ho a mi mateix.

Vaig emprendre una mena d'investigació que consistia a visitar escoles i preguntar per ella. La vaig descriure una vegada i una altra. Cabells color de palla. Ulls quasi blancs. Mirada patètica. Vivia només amb l'avi. Probablement havia perdut els pares en un accident.

Quan el meu amic tornà d'Anglaterra m'aconsellà d'oblidar-la.

–Hi ha coses que mai no s'aclareixen del tot. Els misteris són misteris i aquest és el seu encant. Potser la veritat et decebria. Val més que la recordis com un petit fantasma fugisser, la nina del violí –rigué.

DARRER ENCONTRE

El 24 de desembre d'aquell mateix any, cap a les sis de la tarda, em dirigia a Lerçol a passar el Nadal a la Casa del Molí on ens reuníem una colla de solitaris desparellats. La vaig trobar sota la pluja just al lloc on m'havia dit, feia gairebé un any, «Aquí va passar l'accident».

L'estoig amb el seu inseparable violí en una mà i l'arquet en l'altra. Tenia la cara molla, el vestit arrapat al cos, els llaços perduts, les trenes desfetes, les botes descordades.

Em vaig deturar sense poder-ho creure. Vaig obrir la porteta del cotxe i ella hi va pujar sense fer-se pregar.

–El meu nom és Carolina –va dir tot seguit avançant-se a les meves intencions i deixant-me, com sempre, desconcertat.

Les preguntes m'omplien la boca: com havia arribat sola fins a mitja muntanya? On anava? Algú li havia fet mal? Em deturà la por d'espantar-la i la certesa que no obtindria cap resposta satisfactòria.

Aniria directament a la Casa del Molí on el meu amic em serviria de testimoni. Sense deturarme ni fer més investigacions. Aquest cop no deixaria que se m'escapés. Esbrinaria qui era i com era que desapareixia i tornava a aparèixer. I el que era més important, comprovaria si tan sols jo la veia, si era una imatge creada per la meva ment.

Les reixes eren obertes, els llums encesos sota la pluja, un divertit cartell nadalenc donava la benvinguda als convidats. No hi havia cotxes a l'esplanada i vaig suposar que jo era el primer que arribava. Em vaig deturar davant mateix de la porta, just on el meu amic ens té prohibit de ferho per no espantar el gat, que té els nervis a flor de pell. Vaig baixar a corre-cuita només el temps necessari per tocar la campaneta amb frisança. «No et moguis! No et moguis per res!», li vaig advertir sense mirar-la.

El meu amic tardà un minut i mig a aparèixer sota un barret vermell de pare Noël. «Vine, corre!», vaig dir agafant-lo per un braç. Ens dirigírem al cotxe, però damunt del seient humit del darrere tan sols hi havia el violí. Un violí de veritat, sòlid, palpable, dins l'estoig negre. A la part interior de la tapa, una petita placa daurada amb un nom gravat: Carolina Cavalli.

De seguida que clarejà pujàrem al cementiri escalonat de Lerçol. Era l'únic lloc que quedava per investigar i tothom es brindà a ajudar-me. Recorreguérem cada un dels diferents pisos sense descobrir cap indici que les despulles d'una nena, de les característiques de Carolina, pogués descansar en algun dels panteons. Ja anàvem de retorn quan a algú se li acudí mirar dins del petit cementiri protestant on, en altre temps, rebien sepultura els no catòlics. Es tracta d'un recinte emmurallat especialment decrèpit i funest. Lloses i estàtues mig destruïdes, cobertes de molsa i d'abandó. No hi ha més d'una dotzena i mitja de tombes els noms gravats damunt les quals és evident que pertanyen a gent oblidada a qui ningú porta flors des de fa temps.

Aleshores la vaig veure.

Amb el vestit de festa, vaporós i nou, les botes cordades, els cabells quasi blancs, els llaços estufats, el violí en una mà, l'arquet en l'altra.

Somreia enmig d'un home alt, vestit d'etiqueta, i d'una dona jove que tenia els seus mateixos ulls, d'un blau lletós, i una boca grossa i atractiva.

Una mica ennegrides per la humitat, les lletres i les dades es distingien perfectament damunt del marbre d'un gris plom:

Denís Cavalli i Mònica Leveroni
Concertistes
Moriren en accident el dia 4 de gener de 1937

–«I la seva estimadíssima filla, Carolina, que tancà els ulls a la llum a l'edat de set anys, la nit del 5 de gener de 1937» –va llegir el meu amic, perquè a mi m'hauria estat impossible.

Més avall hi figurava el nom dc qui vaig suposar que era l'avi: Pietro Leveroni i Puig, nascut el 1881 i traspassat el 1945.

EPÍLEG

M'he allunyat definitivament de les històries espectrals.

Els fantasmes s'han de deixar quiets, que reposin. Així m'ho va advertir Carolina a qui vaig despertar sense voler.

N'hi ha de molt vulnerables, els uns més que els altres, més fràgils i, per tant, més sensibles. Pot arribar que la força de les paraules els faci sortir de la seva letargia i recuperar l'aspecte de quan eren vius. Pot arribar que, si això passa, se sentin perduts. I que els costi trobar el camí de retorn.

D'aquella història trasbalsadora, en vaig esbrinar ben poca cosa, a través dels diaris de l'època. Denís Cavalli, Mònica Leveroni i la seva filla Carolina havien vingut des d'Itàlia per passar el Nadal amb l'avi, d'origen illenc, i que el 1937 residia a la Casa del Molí. El mateix dia 4 de gener havien fet un concert, tots tres, al Teatre Principal de Ciutat, la qual cosa suposà un gran esdeveniment. Tornaven a Lerçol en un cotxe de lloguer. Era una nit fredíssima i les rodes lliscaren sobre la carretera glaçada. Els pares i el xofer moriren a l'acte. La nena fou traslladada a una clínica en estat greu. Deixà d'existir la nit de Reis. De l'avi, no en deia res però vaig saber que quedà esmaperdut i acabà en un asil.

Podria pensar que tot plegat fou un somni.

O una història imaginada amb molta força.

Tanmateix em quedà el violí. El violí de Carolina Cavalli que abans havia estat de la seva mare, segons les etiquetes mig esborrades de l'interior de l'estoig. Sempre el tinc al davant, damunt la meva taula de feina des d'on veig les ombres punxegudes dels xiprers rere la tàpia del petit cementiri protestant.

Visc de bell nou a Lerçol, a la Casa del Molí, que he recuperat gràcies a la bona disposició del meu amic. Em sembla que no podria viure a cap altre lloc.

He fet un gir de cent vuitanta graus en la meva trajectòria literària. Seguint un impuls que em ve dictat qui sap d'on, escric contes per a joves lectors. Ja no pretenc espantar ningú, però a vegades...

A vegades puc percebre les petjades i sentir l'eco de les rialles d'aquella família, absolutament feliç que vingué a passar el Nadal de 1936 i el Cap d'Any següent. Sento les passes dolorosament feixugues de l'avi quan es quedà sol, retut per l'enyorança.

Sento la buidor. El silenci ple de crits dels anys que la casa romangué tancada.

Ara ja sé per què escrivia aquella mena d'històries que tant agradaven a la gent i em feien guanyar fama i diners. La Casa me les dictava. La Casa que em fascinà a penes veure-la i on vaig decidir quedar-me després de descobrir-la en un viatge de pas, quan era molt jove.

A Carolina no la vull oblidar. No podria tampoc. Cap al tard, quan ja he esgotat la febre creadora del dia, pujo pel camí que s'enfila tot dret fins al cementiri protestant de Lerçol. M'agrada contemplar la seva fotografia des d'on em somriu, amb el violí en una mà i l'arquet en l'altra.

La visita nocturna

El Jordi dormia un somni inquiet, aquella nit de Sant Esteve. De sobte, es despertà amb la terrible sensació que algú el vigilava dins la fosca, i s'incorporà bruscament.

No hi havia dubte. Una presència abjecta i desmesurada se li apropava cada vegada més. Quasi a frec, li arribava el seu alenar gèlid i la fredor fumosa que desprenia. Absolutament esgarrifat, sense veu ni per cridar, s'esmunyí un altre cop dins els llençols. Però uns ulls que no eren ulls el continuaven fitant a través del gruix de la flassada i el cobrellit.

En aquell moment de pànic, en Jordi s'adonà que es trobava absolutament indefens, a mercè d'un ésser desconegut i terrorífic que el podia agafar pels cabells i arrossegar-lo a l'abisme més profund.

Malgrat que se li restablís la parla, de cap manera no podia demanar auxili, bé que ho sabia. Ningú no podia estar per ell encara que l'amenacés el més gran perill. L'havien enviat al llit abans que sempre i, cosa insòlita, li havien fet prendre una tranquil·litzadora tassa de til·la. Es tractava de desangoixar-lo; que s'evadís, per unes hores, d'allò que era imminent que succeís i que capgiraria la vida de tots plegats. En Jordi ho sabia i la seva por augmentava per moments.

De sobte, una veu escardada i pertorbadora, una veu que glaçava la sang, parlà a mig pam de la seva orella:

–Això no és una casa sinó un laberint, tantes escales, amunt i avall, i tantes portes totes iguals! Em fa l'efecte que m'hi he perdut!

Tot i el tremolor que l'estremia, en Jordi reuní el coratge suficient per treure el nas. A la mica de clarobscur que la lluna filtrava per les altes persianes, els seus ulls detectaren una desdibuixada figura, prima com una pal d'escombra i amb un coll tan llarg que semblava empeltat de girafa. Una figura que no li

era del tot desconeguda, tanmateix, i que recordava haver vist en un antic gravat de la biblioteca.

–Qui sou? Què hi feu aquí? –preguntà en un murmuri malgrat que s'ensumava la resposta.

L'esquelètica visitant respongué irada:

–Ets impertinent, indelicat i poc cortès, noi! Ningú mai, fins al dia d'avui, m'havia preguntat qui era jo. A mi no em calen presentacions! Tothom, tothom em coneix, fins i tot les criatures de bolquers!

S'havia assegut damunt del llit, les cames l'una damunt de l'altra, d'allò més desimbolta.

–Sàpigues que sóc jo qui faig les preguntes i et toca a tu de respondre –afegí–. Per començar, vull saber com et dius.

En Jordi pegà un bot del llit i corregué cap a l'altre costat de la cambra, més espantat que un cuc. Quan es va sentir segur, a recer dels gruixuts cortinatges, s'hi enfrontà amb un coratge que, de sobte, el posà orgullós.

–Per què heu vingut? Aneu-vos-en! Fora d'aquesta casa!

L'estrambòtica aparició s'encreuà de braços.

–Seràs insensat, llenguallarg i bocamoll? Que no saps que no se'm pot faltar al respecte, a mi? Ignores que, si vull, puc ser terrible i devastadora?

De bell nou espantat, el Jordi decidí canviar de tàctica i demanar clemència:

–Aneu-vos-en, per favor, senyora! Us donaré el que em demaneu però aneu-vos-en!

La bubota s'ofengué malgrat que se sentia afalagada pel tractament de cortesia.

–Aquesta nova proposta no és gens ni mica escaient! Jo no em deixo subornar! Si he vingut a aquesta casa, és cosa del Destí, que és el meu cap, i no penso marxar amb les mans buides.

Tragué un paper arrugat de dins d'una bossa de xarol que duia penjada a l'espatlla i li'l mostrà.

–Vinc a cercar l'animeta d'un tal Jordi a qui se li apagarà el buf de la vida aquesta mateixa nit. Exactament a les tres, cinquanta-nou minuts i un segon.

–Un tal Jordi heu dit? –repetí el noi corglaçat enfront de la confirmació dels seus pressentiments més negres.

–Això mateix: Jordi Foix! Que el coneixes?

–Precisament en aquesta casa n'hi ha uns quants, de Jordis, que ens hem reunit per les festes.

–Què vols dir que n'hi ha uns quants? Explica't!

El noi va fer un esforç per respondre amb calma:

–Hi ha l'avi, el meu pare, un oncle segon, tres cosins... i jo mateix. I tots es cognomenen Foix.

La Dama romangué molt confusa, mossegant-se les ungles, tot mirant de resoldre una situació tan peculiar. Set persones homònimes sota una mateixa teulada, semblava una broma de mal gust. Mai no li havien agradat els jeroglífics, la seva feina era més aviat rutinària, i endevinar qui, entre la tracalada de Jordis Foix, era el sentenciat la feia posar nerviosa.

I si s'equivocava i s'enduia l'un per l'altre? Tothom la titllava de cruel i despietada però ningú podia negar que li agradava la feina ben feta i rigorosa. Ensumà l'aire i consultà l'agenda de la memòria per si hi descobria algun detall que li servís de referència per no ficar la pota; algun cas paregut que li hagués succeït en el passat.

I res.

Mai de mai, amb els anys que duia d'ofici, no havia topat amb un fet semblant. Consultà de bell nou les seves notes per si li hagués passat per alt algun detall. Però només hi havia un nom malgirbat i l'adreça, ni que fos una repartidora de pizzes a domicili!:

Posant una falsa veu amable, preguntà:

–Escolta bonic! Algun d'aquests cavallers es troba greument malalt o simplement xacrós o ha patit un magnífic accident o ha begut verí de rates o, simplement, té la vida avorrida?

Intentant de semblar sincer, el nen li assegurà que tots estaven sans i pletòrics, que vessaven entusiasme i alegria de viure, que havien passat un Nadal inoblidable només pel plaer d'estar junts al mas de l'avi.

–No em deus voler prendre el pèl, tu, ara! –li etzibà malfiada–. Mira que enganyar la Mort és molt greu!

–Mai no gosaria enganyar-vos, Senyora! –li respongué a mitja veu mirant, dissimuladament, el despertador damunt la tauleta de nit.

Ella també el mirà. Marcava les tres i trenta-tres minuts. Tan sols n'hi quedaven vint-i-sis per a aclarir quin dels set Jordis d'aquella extravagant família seria el malaguanyat. Les lleis inexorables de l'eternitat no permetien distreure un sol instant del moment fatídic. Una fracció de segon enllà de la data marcada i ja hauria begut oli. No podria dur a terme la seva fatal comesa amb el trasbals que això suposaria per a les espirals negres dels registres mortuoris. Sense comptar el descrèdit personal, una taca negra damunt del seu historial fins aleshores impecable.

Es dirigí al noi de la manera més amable que sabé:

–Em trobo una mica confusa i em penso que m'hauràs d'ajudar. Dóna'm la mà, xiquet, i acompanya'm a les cambres on jeuen els teus parents. Només que els faci un cop d'ull, sabré a quin se li crema el blau de la vida i deixaré que els altres dormin tranquils.

–Hi estic obligat? –sortí en Jordi per guanyar temps.

–Obligat, el que s'entén per obligat, no hi estàs –somrigué de manera malèvola–. Tanmateix, ara se't presenta una bella ocasió de fer un favor a la Mort i això sempre és aconsellable.

–Què en trauré, de fer-vos un favor?

–Evitar el cataclisme, que tiri pel dret, caigui qui caigui, tu el primer –respongué la infeliç–. La possibilitat d'equivocar-me és de set a u.

Amb una agosarada idea rere el front, el Jordi decidí jugar a tot o res.

–Us ajudaré si em guanyeu als escacs –la desafià.

–Serà un plaer –respongué la Vella Dama de molt bon humor.

En sabia pels caps dels dits, de jugar als escacs, i estava segura que amb dos bulls l'hauria escabetxat, aquell milhomes. Però aviat s'adonà que era un bon adversari, que no es deixava entabanar així com així. Pensava llargament cada jugada i quan movia una peça ho feia de manera parsimoniosa i desconcertant.

Picat l'amor propi, la Mort posava els cinc sentits damunt l'escaquer, absolutament concentrada i atenta.

La partida s'allargava i s'allargava.

Ella jugava amb les negres.

El jove contrincant, amb les blanques.

Infinitament antiga, incomparablement sàvia, quan per fi va fer l'escac i mat ho va fer triomfadora, rient amb la seva boca sense llavis com si volgués dir: «Sóc invencible», «Ningú no pot guanyar la Mort».

–Ara acompanya'm, maleït! –li va dir posant-se dempeus i agafant-lo per una orella amb una mà tota d'os, els dits igual que bastons, sense pell ni carn a sobre. Jordi sentí que se li doblegaven les cames i que el cor li bategava a cent per hora.

De sobte, com en una inacabable simfonia, començaren a sentir-se les veus metàl·liques dels rellotges.

Primer el del vestíbul.

Després el de la sala.

El de repetició del menjador; els de bronze francès de damunt les xemeneies.

El sofisticat de la torre.

El de l'església del poble.

El llunyà del castell.

El de l'ajuntament.

El cucut de l'habitació de jugar.

El musical de la cuina.

Tots anunciaven el mateix: eren les quatre de la matinada. Quan els rellotges callaren, es va fer un silenci de tomba.

El Jordi veié com la Mort empal·lidia sota el sudari de gasa. La seva expressió resultava esfereïdora.

Veié com li clavava les conques buides amb aquella mirada sense ulls.

Veié que s'aixecava, dreta i vertical com una mala cosa, desprenent espurnes de sofre.

Humiliada i vençuda, s'embolcallà amb la seva ampla capa i desaparegué dins la boira blavosa de la nit cap al seu cau inaccessible.

L'endemà al matí, la mare entrà a la cambra i l'abraçà boja de felicitat.

–Jordi, fill meu! El pare es troba bé i et vol veure! No ploris que ja ha passat el perill! Ha superat la crisi, Déu meu! Els metges no ho acaben d'entendre però tots coincideixen a dir que ha salvat la vida de miracle!

Divendres 13

Era una nit de lluna plena.

En Xim tragué el cap per la finestra per assegurar-se'n una vegada més. Per desena vegada mirà el calendari penjat dins la cuina. No hi havia dubte: l'endemà, per fi, seria divendres 13, una data que esperava amb frisança. Tot seguit començà una gran activitat.

Agafà sis ous de guatlla. En separà els rovells. Baté les clares a punt de neu i les posà dins d'una perola juntament amb un litre sencer de llet de cabra.

Hi afegí una cullerada de pasta de dents. Un raig de rom. Tres cervells de sargantana. Cinc gotes de mata-rates. Un fetge de muriac.

I el mercuri d'un termòmetre que trobà a la tauleta de nit.

Baté bé la mixtura i deixà la perola a l'ampit de la finestra, tal com deia el llibre.

L'obrí per la pàgina setanta-set i repassà el fragment següent de la recepta: «Passada una hora sencera, afegiu-hi els altres ingredients». Mirà el rellotge i apuntà l'hora exacta en un paper: les nou, cinquanta-dos minuts i tretze segons.

Es va fer un entrepà d'anxoves i se n'anà a la sala reflexionant sobre com era de fantàstic que l'haguessin deixat sol precisament aquell vespre. Amb na Cloti tan tafanera i el pare tan espantadís hauria resultat força més difícil reeixir en l'experiment! Calculà que no arribarien abans de quarts d'una, quan tot ja estaria definitivament resolt. Rigué només d'imaginar-se l'extraordinària situació que, al cap de poc, es produiria.

Estava fart d'aquella dona horrible que no feia més que sotjar-lo amb els seus ulls rodons i sortits com els d'una granota! Na Cloti necessitava un toc d'atenció, una lliçó, i ell estava disposat a donar-la-hi. En el futur tot seria diferent.

Per més que volgués fastiguejar-lo no li seria possible fer-ho. Ja no podria seguir-li el rastre, com si fos un detectiu armat d'una lupa, i això la faria posar frenètica, que bé!

A partir de l'endemà mateix –divendres, 13 de novembre– la vida d'en Xim faria un tomb i es convertiria en una vida fantàstica i apassionant. Ja no se sentiria espiat ni controlat, mentre que ell podria vigilar a plaer i fiscalitzar des del seu nou estadi. En certs moments li costava de creure que una cosa tan fantàstica li pogués succeir a ell, un noi que no havia tingut gaire sort a la vida.

Passada l'hora sencera, tornà a la cuina i retirà la perola de la finestra; l'escuma s'havia mig gebrat i l'hagué de rompre amb una cullera. Hi afegí tres gotes d'essència de mandràgora. Tres de detergent. Un raig d'esperit de cremar. I un pilot de greix de serp.

La tapà amb fulles de cascall i la posà, de bell nou, a fora. Havia passat setmanes preparant aquelles coses tan rares i recercant pels llocs més inversemblants, però el resultat valdria la pena, si és que el llibre no mentia.

I en Xim estava convençut que no mentia.

Tornà a la sala amb un refresc de cola i una bossa de patates fregides. Havia d'esperar encara cinquanta-nou minuts. Una eternitat! Afegí força carbó a la salamandra i, de sobte, li entrà la son. No podia córrer el risc d'adormir-se, així que posà el despertador per si de cas. La vida l'havia ensenyat a ser previsor, la qual cosa irritava na Cloti, tan estrafolària i arrauxada. Somià que ella volava igual que una mosca i ell l'atrapava amb el seu caçapapallones gegant.

La repicadissa el tornà a la realitat. S'havia adormit profundament i li calgué una estona per a espavilar-se. Això li va fer perdre un minut i quaranta-dos segons, un temps valuós que hauria de recuperar.

Corregué a la cuina.

Obrí la finestra.

Agafà la perola i retirà les fulles de cascall.

Tancà la finestra.

Remenà la substància i la tapà de bell nou amb les fulles.

Faltaven set minuts per a mitjanit. Tenia el temps just per a arribar a l'habitació i dur a terme el seu fabulós experiment!

El cassó a la raseta i el llibre sota el braç, pujava a poc a poc per tal de no vessar ni una gota, ja que aquella era la dosi exacta, la qual cosa era de vital

importància. En això, el soroll de la clau dins del pany el deixà paralitzat al mig de l'escala.

Sense necessitat de girar el cap ni de mirar cap a la porta, va saber que el pare i la seva dona repellent acabaven d'entrar.

Na Cloti el descobrí de seguida

–Què fas, aixecat a aquestes hores? –l'escridassà furiosa–. No hauries de ser al llit? Ets terriblement malcriat, sempre ho dic!

La desagradable veu li produí tal sotragada que el llibre li caigué i anà a parar just als peus de la seva madrastra. En Xim intentà recuperar-lo però no va ser-hi a temps. Ella se li havia avançat i ja el tenia a les mans com si fos un trofeu.

–Fixa't què està llegint el teu fill! –el mostrà al seu marit a penes llegí el títol–. Tu que prediques que és tan bon noi, que no fa més que estudiar i que l'únic que li interessa són les matemàtiques! Doncs mira que diu aquí: *Gran tractat de màgia i alquímia!* –anuncià a crits–. Què en dius, d'això? Per a què la vol, la màgia, sinó per convertir-nos en gripaus!

El pare agafà el llibre que ella li allargava i el mirà d'aquella manera tan peculiar, que sembla que no mira i tot ho veu. Tot seguit mirà en Xim de la mateixa manera. Com passava sempre, no sabia de quin costat decantar-se.

–Dóna-me'l, pare! –suplicà el noi que no parava de calcular els pros i contres d'aquella situació inesperada

–No l'hi donis! –na Cloti.

Quedaven quatre minuts i mig. El temps just per fugir escales amunt, sense perdre l'equilibri, tancar-se a la seva cambra i passar el pestell. Un cop a dins tot seria qüestió de segons i quan aconseguissin entrar ja no el trobarien.

No comptava amb aquella dona odiosa que se li apropava cada vegada més i li parlava amb la veu sibilant d'una serp.

–Quina en portes de cap? Què és aquest beuratge pestilent? Per ventura ens vols enverinar, a ton pare i a mi?

En Xim enlairà la perola per mantenir-la lluny del seu abast.

Ella intentà impedir-ho agafant-lo per un braç.

Trontollaren perillosament al llarg de quinze segons de lluita. El pare observava sense decidir-se a intervenir-hi.

Finalment, tot el contingut, fins la darrera gota, caigué sobre na Cloti i la deixà xopa com si acabés de sortir de la dutxa. Era el punt de mitjanit del divendres, 13 de novembre.

–Oh, petit monstre imbècil! Mira com has deixat el meu millor vestit! –xisclà na Cloti furiosa–. Ara mateix veuràs què faig, amb el teu fastigós llibre!

Corregué escales avall, lleugera com un conill, deixant una renglera de gotes llefiscoses rere seu. Obrí la salamandra i llançà el llibre a les flames. Tot seguit, un núvol de color de sofre s'escampà per tota la casa.

–Ho pagaràs, això que has fet! –l'amenaçà en Xim abans de tancar la porta de la seva cambra on corregué a plorar el seu fracàs.

L'endemà el matí na Cloti no baixà a esmorzar.

Al migdia no baixà a dinar.

Quan en Xim tornà de l'escola trobà el pare força nerviós.

–No l'he vista des d'ahir –explicà alarmat–. No és enlloc ni ha acudit a la feina. Ningú no sap res d'ella i la portera assegura que no ha sortit de casa.

–Potser ha marxat amb el cotxe… –va dir el noi per guanyar temps. Encara no es volia fer il·lusions.

–El cotxe és al garatge i les claus al lloc de sempre. Estic molt preocupat, Xim, em penso que na Cloti ens ha abandonat!

En Xim romania com en estat de xoc. Acabava de descobrir que el llibre no mentia. La recepta del *Gran tractat de màgia i alquímia,* havia donat resultat.

Digué tot cautelós:

–Si na Cloti no ha sortit de casa, ni ha anat enlloc, significa...

–Què significa...? –repetí el pare tot esperançat.

–Que és aquí, pare...! Aquí mateix!

–Aquí no hi és, nen. Ja t'ho he dit!

Ell continuà de manera reservada:

–Que tu no la vegis i ningú no la vegi, no significa que no hi sigui... Potser hi és i no la veiem...

–No diguis més bestieses! No espantis el teu pobre pare més del que ho està!

En Xim cavil·là una mica la millor manera de donar-li la notícia. Se sentia obligat a treure'l de l'angoixa que la desaparició de la seva estimada companya li produïa, i al mateix temps volia que participés de la seva alegria.

–Na Cloti s'ha tornat invisible. Te n'adones, pare? És supergenial!

El pare deixà caure els braços al llarg del cos en un gest de gran abaltiment. En Xim continuà la seva explicació:

–És a causa de la poció. La meva poció màgica... M'havia costat molt de preparar-la.

–Però si no en begué ni una gota!

–No es tractava de beure'n sinó de remullar-s'hi! Se la tirà al damunt, aquell tros de bruixa! I al punt de mitjanit, tal com deia la recepta! Va ser un accident però ja no s'hi pot fer res.

–Per què la volies fer desaparèixer, la meva Cloti? –preguntà ressentit.

–No la volia fer desaparèixer, paraula! Ni se m'havia acudit, aquesta possibilitat, t'ho juro!

–Aleshores per què ho vas fer?

En Xim digué:

–La poció no era per a ella sinó per a mi.

El pare romangué bocabadat. Era un home ingenu que no entenia les coses a la primera. Un home pacífic que rarament perdia la calma.

–I tu per quin motiu et volies tornar invisible, nen?

En Xim optà per confessar la veritat:

–Estava fart de sentir-me vigilat i controlat en tot moment. Na Cloti és molt empipadora, pare!

–Una mica sí que ho és! –respongué preocupat.

No havia imaginat fins a quin punt la vida li era de mal viure, al petit! Hauria de parlar seriosament amb la seva dona i suggerir-li que fos més amorosa.

–Per favor, nen! Fes-la tornar! Et promet que la posaré a ratlla! –va dir.

–No m'ho demanis, això, pare!

–No sols t'ho demano sinó que insisteixo. M'estic posant negre només de pensar com deu estar ella de nerviosa!

En Xim digué:

–No la podria fer tornar encara que volgués. Les explicacions eren al llibre i el llibre va anar a parar al foc, ja ho saps.

El pare opinava que, tot plegat, era una situació d'allò més desagradable.

–Em vols fer creure que ignores la manera de fer tornar la nostra Cloti? –preguntà ben amoïnat.

–El millor que podem fer és oblidar-la, pare, com si mai no l'haguéssim coneguda! –proposà, animat, sense respondre a la qüestió.

–No sé si en seria capaç...

–Jo t'ajudaré! Anirem a pescar, jugarem als escacs com fèiem abans...!

–L'estimo, la meva Cloti... No em serà fàcil oblidar-la...

Una ràfega d'aire glaçat els passà al frec i s'estremiren.

–Creus que és ella? –preguntà el pare amb un fil de veu.

–No ho podria assegurar del tot –respongué–, val més que canviem de conversa i que no parlem en veu alta. Potser ens escolta!

El pare s'encongí com un cargol.

–Aquestes coses no poden passar a la vida real! –cavil·là no gaire convençut.

–I tant, que poden passar! El llibre ho assegura. Mira com li han passat a ella!

Per damunt dels seus caps, se sentí una mena de xerroteig que no pogueren desxifrar.

En Xim estava boig de satisfacció amb el resultat de l'experiment. Ni que ho hagués planejat li hauria sortit més rodó! Havia recuperat la tranquil·litat d'abans, sense haver de renunciar a tot allò que li agradava si s'hagués tornat ell invisible en comptes de na Cloti.

De sobte, la llista de coses que el feien posar content era molt extensa: l'escola, els amics, l'equip, les llargues converses amb el pare... Potser no s'ho havia rumiat prou, quan decidí desaparèixer i renunciar a tot allò. Així mateix, una mena de corcó interior li recordava que no estava sent del tot legal amb el seu pare. Havia mentit quan assegurà que no coneixia la fórmula per a fer enrere el fenomen. No tan sols la sabia de memòria, sinó que la tenia preparada en un lloc estratègic, com també hi tenia còpies de seguretat de l'experiment complet.

Així i tot, en guardaria el secret. Facilitar la fórmula per rescatar l'enemic seria una greu equivocació. Na Cloti era l'enemic i ara estava en les seves mans!

Tranquil·litzà la seva consciència dient-se que, al pare, li convenia una mica de pau, després de tanta lluita.

No s'havien caigut bé des del primer dia que la portà a casa perquè es coneguessin.

–És una dona fantàstica, ja veuràs! –li deia des de feia setmanes–. Serà una mare excel·lent per a tu!

–Jo no vull una mare excel·lent! –protestava en Xim–. En tinc prou amb un pare excel·lent.

S'ensumava que aquella nova relació trencaria la deliciosa complicitat que existia entre ells dos des que estaven sols.

I fou veritat. A partir del casament, ningú no va ser feliç. En Xim estava gelós de na Cloti. Na Cloti ho estava del noi. I el pare havia de decidir a cada instant i resoldre greus dilemes, ell que era tan pacífic.

Un dia, remenant per les golfes, descobrí un llibre d'aspecte rar. La passió d'en Xim eren els llibres, com més vells i misteriosos millor, i aquell tenia tot l'aire de ser una veritable troballa.

El fullejà amb excitació creixent:

GRAN TRACTAT DE MÀGIA

I ALQUÍMIA

«Conté fórmules secretes i

experiments garantits per experts»

L'amagà al lloc més recòndit de l'armari i des de llavors el considerà el més gran tresor que un noi d'onze anys pot posseir.

El llegia quan ningú no el veia i, a poc a poc, penetrà els seus secrets. Per mitjà de senzilles receptes casolanes, es podien assolir els més sorprenents resultats, com per exemple la meravella de fer-se invisible.

De seguida el temptà la idea. Si es feia invisible, a part d'altres avantatges, na Cloti ja no tindria poder sobre ell i en Xim li faria pam i pipa davant del seu propi nas!

Hi havia res de més divertit al món?

«Els invisibles no caminen sinó que es desplacen d'un cap a l'altre a gran velocitat. Tan aviat són aquí com caçant lleons al Ngoro-Ngoro. Travessen les parets i s'enlairen igual que globus», deia el llibre.

Estaven acabant de sopar quan la sentiren de bell nou. «Ja la tenim aquí!», va pensar en Xim sentint-se un miserable insecte sota la lent d'un microscopi. Sospitava que no perdria ocasió de vigilar tot el que fes i que l'espiaria més que mai.

El pare es posà content.

–Cloti! –cridà entre temorenc i il·lusionat–. Ets tu, bonica?

Na Cloti esbufegà com una locomotora abans d'exigir ja de manera força entenedora:

–Vull que aquest idiota del teu fill em torni visible ara mateix!

–D'acord, d'acord! –la calmà el seu home–. Ho has sentit, nen?

–Però si no puc fer-hi res! –es defensà en Xim.

El pare suplicà:

–Dóna-li almenys una pista, fill!

Però ell no es deixà convèncer.

–Totes les pistes són dins la salamandra convertides en cendra.

–Menteix! –na Cloti–. El que pretén és que no em torni visible mai més, que no te n'adones? És feliç, de tenir-me enlairada, penjada del sostre, com si fos un llum!

–Estàs penjada del sostre, estimada? –s'angoixà el pare–. Vine, baixa i seu al meu costat, reina!

–No baixaré fins que aquest traïdor no em restitueixi la meva fesomia!

El pare intentava posar pau.

–El pobre noi s'ha posat nerviós i ara mateix no recorda res! Tingues paciència, Cloti, reina, que de seguida que li vingui al cap, t'avisarem! Ja saps que no puc viure sense tu!

D'això fa prop d'un any.

Na Cloti continua, la més feliç del món, giravoltant per l'espai infinit. De tant en tant, fa una visita fugaç a la família, però només per complir. Es diverteix bojament.

Quan en Xim, cansat de sentir els laments del seu pare, consentí a facilitar-li la part final del procés, ella no podia parar de riure.

–De debò us penseu que m'interessa tornar, aquí a casa, a fer de minyona? Ni que m'hagués tornat boja!

Que s'ho passava d'allò més bé sent invisible, explicà.

Que entra a les botigues i s'emprova tots els vestits que vol sense que les dependentes li posin mala cara.

Fica el nas als mostradors de les joieries.

Viatja de franc amb avió, tren, taxi i vaixell.

Coneix els secrets més ben guardats de totes les seves amigues.

Va al teatre i al cinema sense pagar entrada i s'asseu al mateix escenari, si li escau. Conserva la línia sense esforç, perquè els invisibles no mengen sinó que viuen de l'aire del cel.

EPÍLEG

Aviat serà divendres 13 i la lluna farà el ple. El pare ja ho té tot preparat: la llet de cabra, els ous de guatlla, la mandràgora, el fetge de muriac, el greix de serp, etc. No ha pogut oblidar na Cloti, i fer-se invisible és l'única manera que té d'estar al seu costat.

No pensa acomiadar-se d'en Xim, no el vol fer patir.

El rellotge anglès

Havia arribat aquell mateix matí amb el vaixell i a la tarda ja el teníem a casa. Feia tres setmanes que, a l'hora de dinar i de sopar, no es parlava d'altra cosa. Es feren canvis de mobles per cercar-li espai i la mare arribà a l'extrem d'anunciar que estava disposada a vendre el piano que no feia més que nosa.

El pare s'enfilà per les parets:

–Series capaç d'aquesta barbaritat? De vendre't el piano de l'àvia?

La mare respongué que estava desafinat i no el tocava mai ningú, excepte ella per treure-li la pols. Per contra, aquell rellotge anglès, que descobrí rastrejant per Portobello era una peça de museu que mereixia el millor lloc de la casa.

Havia anat a Londres amb unes amigues i en tornà entusiasmada i sense cap cèntim. Passà tres dies amidant parets i tres més enganxada al telèfon per arrodonir el negoci i els detalls del transport. La mare, que no va forta en matemàtiques, no comptava els honoraris addicionals, o sigui el viatge i les dietes de l'home que li l'havia venut, l'únic capaç de posar-lo en funcionament, segons declaracions d'ell mateix.

Malgrat que tenen bosses diferents, i cadascun gasta del seu sou, el pare estava cremat i deia que aquella despesa era excessiva. La mare, que es mareja només de veure la mar pintada en un quadre, argumentava que també havia estat una despesa excessiva comprar la barca. I que una cosa anava per l'altra.

Foren necessaris quatre homes per a pujar-lo escales amunt, ja que dins l'ascensor no hi cabia, ni dret ni de biaix.

–Ni a dins de l'ascensor ni enlloc! L'haurem de tenir sempre ajagut com si fos un sarcòfag amb un mort a dins! –pronosticà el pare, que es caracteritza pel seu humor negre.

–Tinc les mides ben preses! Mai no l'hauria fet portar si no n'estigués absolutament segura!

Efectivament, un cop desembalat i en posició vertical, el rellotge encaixà. D'un pèl, i gairebé fregant l'embigat, això sí, i la mare sospirà alleugerida. De seguida m'advertiren que no m'hi apropés ni de lluny. Allò no s'ha de dir mai perquè és quan més ganes et vénen de ficar-hi el nas.

La veritat és que no n'hi havia per tant. Un rellotge com molts, si no hagués estat per l'homenet del martell situat en un petit replà, damunt de l'esfera. Es tractava d'una figureta estrambòtica, tota de color verd, amb casaca vermella i un capell de copa alta plantificat a dalt del cap.

–Fixa't, Guillem!

Aquella mena de gnom, explicà la mare amb emoció, tocava les hores amb la seva enorme massa i, una vegada al dia, al punt de la mitjanit, ballava una divertida dansa acompanyat d'un seguici de petits personatges entremaliats que el seguien amb els seus instruments.

–No els veig enlloc, els petits personatges entremaliats –vaig dir perquè ja no és fàcil que m'empassi segons què.

–Són dintre. Quan toquen les dotze, apareixen per la porta de la dreta; en acabar, s'amaguen per la de l'esquerra seguint la direcció de les agulles.

El pare, que feia com qui no escolta, sortí amb un ciri trencat.

–Tu ho has vist, això que dius, o només t'ho han contat?

La mare hagué de confessar que no ho havia vist.

–I si no els has vist ballar ni els has sentit tocar, com saps que ballen i toquen? Tu ets molt bona d'enredar, noia!

Li vaig donar la raó. La mare s'ho creu tot. Potser ni tan sols eren dintre, esperant les campanades de mitjanit.

–El venedor no tenia per què enganyar-me! Què en trauria?

–Doncs mira, quasi res! De moment un grapat considerable de diners i un viatge gratuït, mantingut i roba neta! Un cop aquí, ja trobarà la manera de justificar-se si les coses vénen mal dades.

–El teu pare ho sap tot, noi! –s'empipà la mare com una mona posant-me per testimoni com feia sempre.

Abans d'anar al llit es posaren miraculosament d'acord per repetir-me que no se m'acudís de tocar res, ni tan sols d'apropar-me al rellotge anglès sense que hi fossin ells davant. Això ja passa. De primer et diuen que no t'hi apropis, després et criden perquè ho vegis i quan més engrescat estàs, un altre cop et fan fora.

Malgrat tot, m'hi vaig apropar. Ja molt entrada la nit, quan vaig calcular que els pares dormien.

De la gran esfera rodona se'n desprenia una llum violeta que s'escampava com si fossin flames. De seguida em vaig adonar que l'homenet de la casaca vermella no era al seu lloc, vigilant la Roda del Temps. Havia deixat el martell damunt la plataforma i, com si tingués vida pròpia, saltava i botava per l'esfera, a cavall de les agulles. Tot imitant les seves tombarelles, un grapat d'homenets de la seva mateixa mena, tocaven tambors, flabiols, trompetes i corns. Era un espectacle fascinant. No havia exagerat, la mare, i el venedor no l'havia enganyada, per sort! Vaig agafar la clau, d'on sabia que estava amagada i vaig obrir, suaument, la porta de vidre. Com si fins aleshores hagués estat presonera, la claror violeta s'anà difuminant fins a desvelar el perfil de dues dones que no havia vist abans. L'una era molt vella i arrugada, semblava que tingués un milió d'anys.

L'altra tenia un rostre blanc com la llet i quasi transparent i les faccions desdibuixades. L'homenet verd anava de l'una a l'altra acompanyat del seu seguici musical. De sobte, em mirà amb els seus ullons de robí i tornà ràpidament al seu lloc. Agafà la massa amb totes dues mans i romangué immòbil i petrificat. Sense que jo me n'adonés, les dues dones de perfil havien desaparegut així com els petits genis musicals.

Vaig dubtar si explicar o no explicar el que havia vist. Mantenir-ho en secret era difícil i contar-ho resultava perillós. Si la meva confidència no era ben interpretada, m'esbroncarien per haver desobeït, així que vaig decidir esperar la nit següent abans de dir res.

Però a la nit següent va arribar el rellotger anglès i, a partir d'aleshores, res no va tornar a ser com abans, a casa nostra.

–No us esperava fins demà passat –se sorprengué la mare força contrariada.

Havia enllestit un programa que començava per l'arribada a l'aeroport, visita panoràmica per la ciutat i dinar en un restaurant típic. Aquella vinguda inesperada li desbaratava els plans. El va fer passar i li oferí un cafè que ell refusà. Només prenia te. Aleshores li oferí una tassa de te que ell també refusà. Només prenia el seu propi te especial que li enviaven directament de Ceilan.

–Vós no sou l'home amb qui jo vaig tractar a Londres, malgrat que us hi assembleu molt –observà malfiada–. Ell prenia cafè tothora.

–Sóc Coppelius, el seu soci –explicà el nou vingut sense perdre la calma.

–M'havia dit que vindria personalment –insistí la mare antipàtica.

–Qüestió tècnica, ho sento. La maquinària és cosa meva. Sembla com si els autòmats només m'obeïssin a mi –parlà de manera seca mentre em feia una breu ullada furiosa.

Hi havia un no sé què d'inquietant, en aquell personatge. Algun tret que m'era vagament familiar i que no podia precisar. Ell mateix semblava un sàtir de mirada maligna. Els ulls com dos carbons, el nas de ganxo, l'extremada primor.

De sobte vaig adonar-me'n.

–És igual que l'homenet de bronze! –vaig dir a sota veu. El pare m'etzibà un cop de colze i li preguntà en quin hotel s'allotjava.

–En cap –respongué tot llançant-me una mirada d'odi–. Acostumo a fer la meva feina de nit. Si tot va bé, seran només unes hores. No causaré cap molèstia; treballaré en silenci, podeu dormir tranquils. Sóc inofensiu.

A mi no m'ho semblava, inofensiu, i em vaig creure obligat a avisar la mare:

–No te'n refiïs! Has vist com em mira?

–No he vist res –tallà la mare que en tenia prou amb les seves dèries–. I calla que et sentirà!

L'home havia tret una capsa d'eines de dins del seu maletí i les contemplava aparentment absort.

–Tenia entès que caldrien uns dies per a ajustar tantes peces i comprovar-ne el funcionament definitiu –la mare emprava un to de retret i estic segur que pensava que potser el pare no anava desencaminat amb el seu recel.

–Si cal em quedaré, però no caldrà. Demà al matí tot estarà resolt a plena satisfacció –afirmà amb una seguretat irritant mentre em llençava una tercera ullada maligna.

–Ho has vist ara, pare?

El pare no havia vist res i sortí per un altre cantó:

–Aquesta dona –es referia a la mare–, encara s'estalviarà les dues nits d'hotel! Què t'hi jugues?

Jo no m'hi jugava res, obsedit com estava a salvar la pell.

–No deixis que es quedi! –vaig insistir aliè a les finances familiars–. El senyor Coppelius porta males intencions! Potser és un lladre! O un assassí!

–Quina imaginació, noi! Però ara que ho dius, potser sí que té un somriure desagradable –respongué no gens preocupat.

Dels pares, no te'n pots refiar. Passen la vida patint si vas d'excursió a la muntanya i quan les coses et vénen mal dades, ni cas! «A la vida, el més pràctic es comptar amb tu mateix», vaig pensar mentre barrava la meva porta amb la taula i les cadires, l'una damunt de l'altra.

Tot i així va entrar. Abans d'obrir els ulls ja sabia que era al meu costat, completament quiet, mirant-me com miren els botxins les seves víctimes.

–No ho havies d'haver fet –digué amb veu fredament irada–. Mai no havies d'haver obert el rellotge! Tu mateix et vas posar l'argolla al coll, ho sento!

–Però si no vaig tocar res, li ho prometo! Tan sols vaig mirar!

–Vas veure la cara del Futur i això és greu.

–No vaig veure la cara del Futur! No sé quina cara fa, el Futur! Tan sols vaig veure dues dones!

–Són les Hores. A la del Passat tant li fa, que la vegin, no té res a amagar! Però la misteriosa Hora del Futur és profundament secreta i detesta que l'espiïn. Fou una audàcia greu, per part teva. Una gosadia imperdonable!

De sobte m'entrà una sospita.

–Com sabeu que la vaig mirar? Com sabeu que vaig obrir el rellotge? Que potser ja éreu aquí a casa abans de venir d'Anglaterra?

–Jo sempre he estat aquí –respongué de manera sinistra. I afegí:– Tots els rellotges antics estan habitats per un geni. Això no és cap secret. Jo sóc el geni d'aquest rellotge i puc tallar el coll a qui violi les lleis temporals que el regeixen.

Em vaig engallir:

–Ara mateix avisaré la meva mare que vós no sou el rellotger anglès que ha d'arribar demà! Li diré que heu suplantat la seva personalitat!

Ell no perdé la calma.

–Si em permets la pregunta, noi, com saps que arribarà demà? Pot ser que arribi… i pot ser que no arribi… I com saps que tindràs ocasió d'advertir la teva mare?

–Ho penseu impedir?

–No caldrà. Si, pel fet que tu has violat la seva intimitat, l'Hora del Futur es nega a avançar, el temps d'aquest rellotge quedarà trastocat i, en conseqüència, el d'aquesta família.

–I què passarà?

–Això depèn. Poden passar un munt de coses totes terribles i esgarrifoses.

Em vaig quedar glaçat.

–Sou un mentider! No crec res del que dieu!

–Ho creuràs quan formis part dels qui miraren la cara del Futur abans que tu –digué mentre m'empenyia, donant-me copets amb la massa, en direcció a la sala.

El rellotge romania deturat. Li faltava el pèndol, les agulles basculaven al punt de les sis i mitja, i de l'esfera havien desaparegut totes les hores i els minuts.

Em buscaren al llarg de mesos i anys fins que perderen l'esperança. Policia, detectius, llegidores de cartes, alquimistes. Els diaris digueren que m'havia segrestat un desconegut de mala pinta que es va fer passar per un expert rellotger anglès. Es repartiren fotografies meves i retrats robot del sospitós, però ningú no ens ha vist mai, a cap dels dos, tan a prop com som, gairebé a tocar.

M'he convertit en habitant del rellotge. Em fa l'efecte que per temps indefinit.

Deturat, al costat de les hores deturades.

Als pares se'ls veu igual que quan jo tenia onze anys. S'han fet vells per dintre, suposo. S'han quedat sense futur. La seva conducta és desconcertant, mai no discuteixen. A vegades giren els ulls cap on jo sóc però no em veuen.

Tan fàcil que seria que tot tornés a la normalitat! N'hi hauria prou a posar de nou el pèndol, col·locar les hores al seu lloc, fer córrer les agulles fins al punt de les dotze i mantenir-les subjectes una bona estona.

El geni maligne no tindria més remei que tocar, una vegada i una altra, fins que s'obrís la porteta daurada que està a la part dreta de l'esfera i aparegués la colla de petits personatges entremaliats. Jo sóc el que fa set. El que toca el clarinet.

Només que allarguessin la mà jo podria saltar.

Seria tan senzill si els ho pogués fer entendre!

ÍNDEX